AF542826

R
ROMEON
VERLAG

Pleiten, Pech und Parkinson
1. Auflage, erschienen 03-2023

Umschlaggestaltung: Romeon Verlag
Text: Petra Seegers-Wilmsen
Fotos: Lara Hein
Illustration: Christopher Schweers
Layout: Romeon Verlag

www.romeon-verlag.de

Bibliografische Information der Deutschen Nationalbibliothek:
Die Deutsche Nationalbibliothek verzeichnet diese Publikation in der Deutschen Nationalbibliografie; detaillierte bibliografische Daten sind im Internet über *https://portal.dnb.de* abrufbar.

Pleiten, Pech und Parkinson

Kurzgeschichten aus meinem (Über)Leben in der Achterbahn

Petra Seegers-Wilmsen

Inhalt

In Erinnerung an Oma
1919-2008

I
„Hände hoch! Keine Bewegung!"

„Hände hoch und keine Bewegung", sicher ist das der erste Gedanke bei jedem, der die Diagnose Parkinson bekommt: „In solchen Situationen bin ich ab sofort echt gearscht." Schließlich ist Parkinson vor allem als Zitterpartie bekannt. Da wird das mit „keine Bewegung" echt zum Problem. Was viele nicht wissen, das Zittern ist natürlich nicht das einzige Problem für Parkinsonerkrankte. Für mich beispielsweise wäre schon das mit dem „Hände hoch" problematisch. Ach so das hatte ich noch gar nicht erwähnt, oder? Ich bin 40 Jahre alt und habe selber Parkinson. Zurück zu der Krimisituation, wenn ich nicht gerade zittere, ist meine rechte Körperseite gerne im Zeitlupenmodus. Ich bin mir nicht sicher, ob ein Typ, beispielsweise mitten im Banküberfall, geduldig genug ist zu warten, bis auch der Zeitlupenarm oben ist …

Memo an mich: Bankfilialen, Juweliere und ggf. Tankstellen meiden. Im Falle eines Überfalls könnte es da problematisch werden.

II
Familie

Wenn es um die Familie geht, bin ich wirklich ein Glückskind. Sicherlich waren und sind wir keine Bilderbuchfamilie, allerdings wage ich zu bezweifeln, dass es auch nur bei 1 % der Gesamtbevölkerung zugeht wie in einem Bilderbuch. Wir befinden uns also mit unserer Familie in guter Gesellschaft. Vor allem bedeutet Familie für mich, Heimat, Herkunft, Wurzeln. Fangen wir an mit meiner großartigen Oma. Da ich mit nur einer Oma und ohne Opas aufgewachsen bin, brauchte diese Oma keinen Namen oder besonderen Titel. Sie war einfach immer Oma. Sie lebte in einem großen Haus in Nieukerk. Für mich war dieses Haus als Kind immer wie ein kleines Schloss. Vor der Haustür gab es eine kleine Veranda, wenn dann die Tür aufging, kam man in den großen Flur mit einer großen Truhe, einer Standuhr und einer großen Treppe nach oben. Hohe Decken mit Stuck dürfen in einem solchen Anwesen natürlich auch nicht fehlen. Und mittendrin eine kleine, strahlende Person mit der klassischen, enganliegenden Dauerwelle in Grautönen: Oma. Wir hatten als Kinder hin und wieder die ehrenvolle Aufgabe, die Lockenwickler nach dem Föhnen entfernen zu dürfen. Das geschah meist in Omas Küche, die von der Größe eher einem Tanzsaal ähnelte. Wobei in einer Ecke der Küche die Spüle war und sich der Herd in ca. 15 Omaschritten Entfernung in der gegenüberliegenden Ecke befand.

Ich habe diese Küche geliebt, in der sogar Platz war, zu dritt die Turnübungen der damaligen Fernsehsendung Tele-Gym nachzuturnen. So hielten wir unsere Oma fit, die glücklicherweise auf ihrem Küchenfernseher nicht nur Dallas und Reich-und-schön guckte. Oma war die klassische Verwöhnoma, bei der es meistens Dany-Sahne-Pudding zum Nachtisch gab. Hin und wieder sogar in Kombination mit einer Scheibe Vienetta-Eis. Sie hielt sich mit Kartenspielen, Kreuzworträtseln und natürlich ihren Lieblingsenkelkindern fit. Unsere Highlights waren aber immer die Übernachtungen bei Oma. Neben dem Küchensaal befand sich Omas Schlafzimmer. Darin ein scheinbar überdimensionales Doppelbett mit einem ganzen Ensemble aus „guten Oberbetten". Es hatte gute Tradition, dass es in diesem Bett immer zu folgendem Satz kam: „Oma, erzählst du noch was von früher?". Und Oma hatte die besondere Gabe, Highlights aus der vermutlich dunklen Vergangenheit so begeistert zu erzählen, dass ich mir ihr Leben immer in schillernden Farben ausgemalt habe. Da war nur sehr, sehr selten Trauer und niemals Gejammer. Da wurde von den netten Soldaten und den tollen Abenden berichtet. Erst später begriff ich, wie hart diese Zeit gewesen sein musste.

Und dennoch habe ich dadurch das Wichtigste gelernt: Wenn es einer Frau, die den Krieg erlebt hat, ihren Mann früh verloren hat etc., gelingt, ihre Enkelkinder so farbenfroh für das Leben zu begeistern. Dann kann ich auch alle Höhen und Tiefen meistern, ohne zu jammern. Dann kann ich mein Kind auch für diese verrückte Achterbahn namens Leben begeistern. Ich glaube, dass meine Oma sicherlich vieles verdrängt hat oder sie hatte das großartige Talent und die Weisheit zu begreifen, dass der Rückspiegel immer kleiner sein sollte als der Blick nach vorne.

Meine Oma hat dieses Leben geliebt, obwohl es ihr oft genug einen Tritt verpasst hat. Ich bin ihr für all das wahnsinnig dankbar. Vor allem aber dafür, dass sie mir immer das Gefühl gegeben hat: „Du wirst deinen Weg schon machen." Diese Zuversicht wünsche ich mir, gerne lebenslänglich. Und dass ich sie an meinen Sohn weitergeben kann.

III
Von Wurzeln und Geschenken

Auch wenn meine Oma für mich wichtig und prägend war, am wichtigsten waren, sind und bleiben natürlich meine Eltern, Mama und Papa. Schließlich haben diese beiden mir mein Leben geschenkt. Und mehr noch, diese beiden besonderen Menschen haben mich geformt und gleichzeitig so wachsen lassen, wie ich heute bin. Und nun ja, das ist den beiden, aus meiner Sicht, ganz gut gelungen. Nun aber zu den Hauptakteuren des Bauwerks „Petra". Da ist zunächst meine Mama, die mich, diesen Brocken (über 4000 g) austragen durfte.

Statt mich dementsprechend Brocken zu nennen, entschieden sich meine Eltern dann doch für den Namen Petra, aus dem Altgriechischen, der Fels. Meine Mama ist das, was man eine „Seele von Mensch" nennt. Als bodenständige Verwaltungsfachangestellte war sie im Berufsleben und im Privaten immer für alle da. Für jeden runden Geburtstag hat sie sich was einfallen lassen, Gedichte oder sogar Lieder umgeschrieben. Wir als engste Familienangehörige bekommen sogar jedes Jahr ein Gedicht. Jedes Jahr setzt sich dieser besondere Mensch an den Computer und sucht sich passende Verse aus, um das vergangene Jahr zu verabschieden und dem neuen Jahr einen guten Startpunkt zu setzen. Meine Mutter gehörte in den Neunzigern schon zu den Müttern, die Arbeit, Kinder und Haushalt unter einen Hut kriegen musste. Leider habe ich ihr das zu Pubertätszeiten gerne mal vorgeworfen. Weil es eben bei Schulfreundinnen noch genug Mütter gab, die nicht gearbeitet haben. Heute bin ich meiner Mutter natürlich unendlich dankbar, weil sie es war, die mit dafür gesorgt hat, dass unsere Generation Frauen fast wie selbstverständlich heute arbeiten gehen kann. Mein Papa ist Gärtnermeister von Beruf. Er hat dafür gesorgt, dass wir immer einen traumhaft schönen Garten und Schrebergarten hatten. Im Schrebergarten war unser Pool aufgebaut, für mich als ultimative Wasserratte natürlich großartig. Für mich aber viel wichtiger, er war früher als Büttenredner unterwegs. Ich denke, von Papa habe ich ein gewisses „Rampensau-Gen". Ich höre mich einfach wahnsinnig gerne reden und liebe es, Menschen zum Lachen zu bringen. Da ich im November geboren wurde, gibt es für mich nur eine Erklärung, wie ein solches Unikat entstanden ist: Sicher war es eine ordentliche Karnevalsnacht. Dann gibt's da noch meine ältere Schwester. Als Kinder waren wir meist unzertrennlich. Ein Highlight, was mich und meine Schwester verbindet, ist und bleibt die Geburt ihrer ersten Tochter und somit meine erste Nichte.

Da lag dieses kleine Wesen und ich war sofort schockverliebt. Freudentränen schossen mir in die Augen. Der Anfang war gemacht, die nächste Generation unserer Familie stand in den Startlöchern und ich war über Nacht Tante geworden. Was für ein wunderbares Geschenk. Und es gab noch Verstärkung. Ein paar Jahre später kam meine zweite Nichte hinzu. Seitdem gibt es wieder 2 Mädels mit unserer Familien-DNA. Und weil Petra so ein schwieriger Name ist, bekam ich durch die beiden gleich mal einen Spitznamen verpasst: Tante Piiita

Dann gibt es da noch meinen Lieblingsonkel. Den Weltenbummler und Finanzexperten der Familie. Da er keine eigenen Kinder hat, musste er mit uns Nichten vorlieb nehmen. Ich werde nie vergessen, wie ich als Kind fasziniert vor der riesigen Weltkarte mit den vielen Stecknadeln stand. Ganz gleich, ob ein Pandakuscheltier aus Asien oder die LEVIS-Jeans vom

Christmas-Shopping in New York. Unser Onkel Charly hat uns stets auf seinen Reisen bedacht und als Finanzexperte das leidige Thema Steuererklärung alle Jahre wieder mit uns bearbeitet. Von seinem Finanzexperten-Gen habe ich leider nichts abbekommen, aber das Fernweh geht definitiv auf seine Kappe. Bei mir gibt es nicht ganz so viele Stecknadeln, aber Reisen nach Kenia und Miami haben mich immerhin schon mal Erfahrungen außerhalb Europas machen lassen.

IV
Der geborene Pechvogel

Um den Titel Pechvogel zu erhalten, müssen natürlich verschiedene Kriterien erfüllt sein. Zum Beispiel sind die Nummer der Eltern von Pechvögeln in der Schule meist im Kurzwahlspeicher des Sekretariats abgespeichert. Ich denke, das Kriterium habe ich definitiv erfüllt. Ein weiteres Indiz, dass ein Pechvogel-Phänomen vorliegt, ist sicherlich, dass der Name des Pechvogels bei Unfallchirurgen der Stadt bereits bekannt ist. Ich vergesse nie, wie schön Dr. B. immer mein „r“ von Petra gerollt hat, wenn er mich wie immer fragte „Petra, was hast du wieder gemacht?“ und als ob es für ihn ein Hobby wäre, war auch die Behandlung meist die gleiche: „Kein Problem, machen wir einen kleinen Gips.“

Ich hatte tatsächlich mindestens 4 Knochenbrüche und somit Beweis Nummer 3, dass vermutlich eine Pechvogelsymptomatik vorliegt.

Armbruch I:

Das erste Mal passierte es beim Fangenspielen auf dem Schulhof.

Ich bin wohl einfach über meine eigenen Füße gestolpert. Diagnose: Handgelenk gebrochen. Behandlung: Gips am Unterarm.

Armbruch II:

Damals war ich noch bei den Pfadfindern. Es war gutes Wetter und wir spielten draußen, vorm Jugendzentrum, Fußball. Es reichte aus, dass ein Junge aus der Nachbarschaft mich leicht im Vorbeilaufen berührt hatte. Zack, hingefallen. Diagnose: Handgelenk gebrochen. Behandlung: Gips am Unterarm.

Armbruch III:

Die Nummer 3 würde ich als Beweis meiner sozialen Ader verbuchen. Folgende Szenerie: Hunderte Schüler auf einer Wiese. Eine, vermutlich wahnsinnig überbezahlte, Werbeagentur hatte sich überlegt, dass diese Schüler in einen überdimensionalen Buchstaben eines Entsorgungsunternehmens laufen sollten. Das wird dann von oben gefilmt und fotografiert. Zack, fertig ist die neue Imagekampagne. Also sind besagte hundert Schüler und Schülerinnen startklar auf der Wiese. Auf ein bestimmtes Zeichen liefen alle Schüler gleichzeitig Richtung Buchstaben. Doch da geschah es: Vor mir verlor ein Mädchen ihre Jacke. „Oh nein," dachte ich „nicht, dass da jetzt hunderte Kinder drüberlaufen." Also bückte ich mich natürlich, um die rote Jacke vor dreckigen Fußabdrücken zu retten. Leider waren die Kinder hinter mir nicht aufs Bremsen vorbereitet. Ich wurde also von mehreren Seiten angerempelt und umgehauen. Es kam wie es sich für einen ordentlichen Pechvogel gehört. Chirurgische Ambulanz. Röntgen. Diagnose: Oberarmknochen direkt unter der Schulter gebrochen. Behandlung: Gesamten Arm durch Bandage angewinkelt schienen.

Armbruch IV:

Eigentlich mein Highlight. Wir waren mit einer Gruppe Jugendlicher nach Taizé in Frankreich gereist. Taizé bedeutet Gemeinschaft, Spiritualität und Glauben, gemeinsam zu leben. Wer jetzt denkt, dass ich mir selbst beim Beten die Knochen breche, überschätzt meine Talentfreiheit in Sachen Geschicklichkeit dann doch etwas. Stattdessen habe ich mich bei der Auswahl meiner Freunde immer an ein Kriterium gehalten: Ich muss mit den Menschen um mich herum lachen können. Wir hatten es also auch in dieser Gruppe mal wieder geschafft, bei so viel Ruhe und Besinnlichkeit, auch jede Menge Spaß zu haben. Es war an einem sonnigen Nachmittag, als wir mal wieder rumalberten. Einer meiner Freunde fing an, mich zu kitzeln. Ich versuchte, mich zu wehren und schon kam es erneut, wie es kommen musste … nur diesmal auf Französisch. Ambulance. Diagnose: Keine Ahnung, irgendwas war auf jeden Fall gebrochen. Behandlung: Gips an Hand und Unterarm.

Doch irgendwann langweilten mich diese ambulanten Einsätze. Ich, bzw. mein Körper, war fest entschlossen, neue Wege zu gehen. Bauchschmerzen, das war neu. Und statt zum Unfallchirurgen ging die Fahrt diesmal zum Kinderarzt. Diagnose: Blinddarm, also „ab ins Krankenhaus“. Im Krankenhaus ging es dann doch wieder in die chirurgische Ambulanz. Nur, statt Röntgen diesmal Ultraschall. Der Assistenzarzt Dr. R. war nicht der Meinung meines Kinderarztes, trotzdem sicherheitshalber im Krankenhaus bleiben. Kurze Zeit später besuchte mich der Oberarzt und informierte mich und meine Eltern darüber, dass ich nun für die OP vorbereitet werden würde. Es stand also 2:1 und Dr. R. stand ganz schön alleine mit seiner „Nicht-Diagnose“. „Keine Sorge“, beruhigte der Oberarzt meine Eltern, „in 45 Minuten ist ihre Tochter wieder auf dem Zimmer.“

Die Vorbereitungen waren abgeschlossen, ich durfte schlafen und das Schicksal nahm seinen Lauf. Erst später erfuhr ich, dass ich während der OP mal wieder sämtliche Pechvogelkarten ausgespielt hatte. Statt einer routinemäßigen Blinddarm-OP entwickelte sich der Blick in meinen Bauch wohl als Ort des Grauens. Ich meine, ich fand meinen Bauch auch von außen nie schön, aber Ort des Grauens? Das war selbst für einen erfahrenen Pechvogel etwas zu viel. Neben einem entzündeten Blinddarm fanden die Chirurgen weitere Macken am Darm und selbst die Eierstöcke präsentierten sich in einem so renovierungsbedürftigen Zustand, dass ein Gynäkologe nun auch noch zu dieser Horrorvariante einer Blinddarm-OP eingeflogen werden musste. Das alles hatte zur Folge, weitere Narkose und Intensivstation. Mein Bauch war nun einmal kernsaniert worden und ich verließ zum ersten Mal ein Krankenhaus ohne Gips. Man muss auch die kleinen Erfolge feiern. Aber Ende gut, alles gut? Von wegen, schließlich befinden wir uns im Pechvogel-Kapitel meines Lebens. Ca. 1 Woche nach meiner Entlassung wollte meine Mutter mal einen Blick auf meine Narbe werfen.

Und tadaa: Da war sie, eine echte Pechvogel-Narbe. Knallrot, angeschwollen und schön warm. Also fahren wir doch noch mal besser ins Krankenhaus, die machen da ein bisschen Salbe drauf, damit die Entzündung rausgeht und alles wird wieder gut. Soweit die Theorie von uns Hobbymedizinern. Der Profi hingegen: „Kein Problem, machen wir einen kleinen Schnitt“ und eh ich nach der Salbe fragen konnte, sah ich mich in Straßenklamotten den OP-Tisch besteigen. Und wieder, ich schlafe und das Schicksal nimmt seinen Lauf. Unter der Narbe hatte sich nach der Kernsanierung verschiedener Baustellen eine Entzündung gebildet. Damit die da rauskommt, gibt es einen witzigen chirurgischen Trick: Man schneidet den Bauch wieder auf und lässt ihn einfach offen. So werden alle Baustellen noch mal ordentlich durchgelüftet und die Entzündung kann von innen „raus-heilen". Zu guter Letzt verbrachte ich auch meinen Geburtstag im Krankenhaus, ich hatte mal wieder das komplette „Pechvogel-all-in-Set" gebucht.

V
Die Frau der 15 Umzüge

Manche mögen mich als sprunghaft bezeichnen, ich würde mich eher als flexibel beschreiben.

Ganz nach dem Motto: Entdecke die Möglichkeiten, bin ich immer offen für Neues. Wobei mein erster Umzug sehr klassisch daherkommt.

Umzug I:

Mit 18 startete ich in ein Freiwilliges Soziales Jahr (kurz: FSJJ). Ich absolvierte das FSJ an einer OGS eines Gymnasiums. Für dieses Jahr wurde mir eine Wohnung auf dem Schulgelände angeboten. Von Zuhause ausziehen ohne zusätzliche Kosten? Da hätte wohl keiner nein gesagt. Also meine erste eigene Wohnung.

Umzug II:

Mit dem Ende des FSJ endete auch das kostengünstige Mietverhältnis. Also ging es nach einem Jahr zunächst wieder zurück nach Hause. Zuhause das war Kempen. Oder wie es in Zügen der deutschen Bahn gerne genannt wird „Kempen am linken Niederrhein“. Eine schöne Kleinstadt am Niederrhein mit einer wunderschönen Altstadt. Da gibt es kleine Straßen mit alten Fachwerkhäusern, die alte Stadtmauer, eine schöne Burg in direkter Nachbarschaft zu einem alten Franziskanerkloster und vieles mehr. Neben dem Ort mit seinen unzähligen Sehenswürdigkeiten, verbinde ich mit diesem Zuhause-Ort natürlich vor Allem viele liebe und großartige

Menschen. Als Zweitwohnsitz neben dem Reihenendhaus meiner Eltern, muss hier unbedingt die Pfarrgemeinde St. Josef genannt werden. Trotz vieler Umzüge bin ich mit diesem Ort und den vielen tollen Menschen noch lange verbunden geblieben. Ganz gleich ob Jugendchor, Ferienfreizeiten, Jugendliturgiekreis, Pfarrgemeinderat, Kar- und Ostertage oder einfach besondere Gottesdienste und Feste. Ich habe diese Zeit sehr geschätzt. Noch heute ist es ein bisschen wie nach Hause kommen, wenn ich mal wieder in St. Josef zu Besuch sein darf.

Umzug III:

Da es mit dem Studienplatz nicht sofort geklappt hatte, nutzte ich die Zeit für einen längeren Auslandsaufenthalt:

6 Monate Au-pair in Irland. Die Koffer waren diesmal für ein neues Zuhause in Dublin gepackt. Dort lebte ich 6 Monate bei der großartigen Familie O'Connor und kümmerte mich um die 3 Kinder Aoife, David und Eoin. In der Woche unterstützte ich die Familie und am Wochenende reiste ich durch Irland um noch mehr von Land und Leuten zu erleben. Für mich eine wichtige und wunderschöne Erfahrung. 6 Monate, die mich geprägt und haben wachsen lassen.

Umzug IV:

Es kam, wie es kommen musste. Mit der Au-pair-Tätigkeit endete auch dieses Mietverhältnis und meine Eltern nahmen mich wieder auf.

Umzug V:

6 Monate später konnte ich endlich meinen Studienplatz für Soziale Arbeit in Münster antreten. Glücklicherweise gewann ich bei einem WG-Casting die Sympathie der beiden Mitbewohnerinnen. Ein 15-qm-Zimmer für 175 € mit 2 netten Mädels schien mir ein perfekter Start für das Studium. Gleich zu Beginn meiner Studienzeit lernte ich das Freie Musicalensemble Münster kennen. Die Idee Schauspiel, Tanz und Gesang zu verbinden fand ebenso schnell meine Begeisterung wie die Menschen dieses semi-professionellen Ensembles. Das erste Projekt bei dem ich dabei war, war „Jekyll und Hyde". Ich liebte es, auch weil das Ensemble Bühnenbau, Kostüme, Requisite etc. in gleicher Weise selber gestemmt hat wie Tanz, Gesang und Schauspiel. Wenn man dann, wenige Wochen vor der Premiere, noch zum ersten Mal dem 50-köpfigen Orchester lauschen darf, kennt Begeisterung und Gänsehaut keine Grenzen mehr. 10 Jahre durfte ich Teil dieses besonderen Ensembles sein, Jahre in denen nicht nur Stimme und Schauspiel weiterentwickelt wurden. Dank des Bühnenbaus und der Requisite wurde auch die ein oder andere handwerkliche Fähigkeit trainiert. Definitiv viele Menschen und Momente, die mich geprägt haben und unvergessen bleiben.

Umzug VI:

Aber ich hätte es wohl nicht zu 15 Umzügen geschafft wenn es parallel zum Musicalensemble auch 10 Jahre bei der gleichen Wohnung geblieben wäre. Denn da waren sie wieder, diese verflixten Möglichkeiten. Eine Anzeige im Studierendenblättchen „na dann" eröffnete die Möglichkeit, mietfrei auf einem Bauernhof zu wohnen, wenn man die Familie bei der Kinderbetreuung unterstützte. Keine Miete, dafür hin und wieder Babysitten – klingt großartig. Das Vorstellungsgespräch lief super, hieß aber auch: neuer Job, neues Zuhause, Umzug VI.

Umzug VII:

Es lief gut, ich verstand mich gut mit der Frau des Hauses und gut mit den 3 Kindern. Aus Sicht des Hausherren zu gut. Er war der Meinung, dass ich mich zu gut mit seinen Kindern verstand. Das bedeutete Kündigung, ausgesprochen am 22.12., na dann frohe Weihnachten und fertig machen für Umzug Nr. VII. Da durfte ich nicht wählerisch sein. Immerhin führte mich der 7. Umzug mitten in die Münsteraner Innenstadt. Eine Zweck-WG direkt gegenüber vom Buddenturm/Münzstraße. Im Gegensatz zum Leben auf dem Lande ermöglichte das immerhin auch die schönen Seiten des Studierendenlebens zu zelebrieren. Ich hatte großartige Leute an der Katho (Katholische Hochschule) kennen und schätzen gelernt. Menschen, die mit mir nicht nur die Lerngruppen und Prüfungen durchgestanden, sondern auch mit mir das (Studenten-)Leben gefeiert haben.

Umzug VIII:

Auch wenn es eine sehr zentrale Zweck-WG im Kneipenviertel Münsters war, Küche und Schlafzimmer in einem war für mich keine Dauerlösung.

Aber eine Studentin von meiner Hochschule war derweil auch auf Wohnungssuche. Also gründeten wir eine 2er-WG. Mein Umzug Nummer 8.

Umzug IX:

Der 9. Umzug war erstmals der Liebe gewidmet. Ich hatte da jemanden kennengelernt und wir zogen gemeinsam in eine Wohnung am Wasserturm in Münster.

Umzug X:

Aber, da ihr mich jetzt schon ein paar Kapitel kennengelernt habt, ahnt ihr es sicher schon. Es hielt nicht lange und ich zog mit gebrochenem Herzen nach Vechta. Dort hatte ich in der Zwischenzeit nicht nur einen Job gefunden, sondern auch liebe Kontakte geknüpft. In dieser Zeit war es meine Aufgabe Schulklassen für 3 Tage durch die sogenannten Orientierungstage zu begleiten. Daher wurde der Arbeitsplatz im Jugendhof in der Zeit zu meinem Zweitwohnsitz. Ich war begeistert davon mich mit tollen Kolleginnen und Kollegen jedes Mal auf eine neue Schulklasse einzustellen, jedes Mal neue Fragestellungen des Lebens mit den Schülerinnen und Schülern zu bearbeiten und dabei Impulsgeberin sein zu dürfen.

Umzug XI:

Von Vechta aus bewarb ich mich auf einen Vorstandsposten in Münster. Und dann passierte etwas Verrücktes. Einen Tag bevor die Entscheidung über den Vorstandsposten fallen sollte, rief mich eine liebe Bekannte an. Sie sagte: „Hey Petra, ich sollte dir doch Bescheid sagen, wenn wir mal ausziehen.

Also wir ziehen bald aus, suchst du noch eine Wohnung in Münster?" „Nun ja ich werde morgen erfahren, ob ich einen Vorstandsposten in Münster antreten darf, wenn ja bräuchte ich definitiv wieder eine Wohnung in Münster." Und wer sich jetzt denkt, dass es zwischen Pleiten und Pech keine Wunder gibt, wird hier eines Besseren belehrt. Wenige Stunden später wurde ich, trotz 2 Mitbewerbern, zur BDKJ-Vorsitzenden der Diözese Münster gewählt und pünktlich zum Amtsantritt konnte ich diese großartige Wohnung im Münsteraner Südviertel beziehen. Mein Umzug Nr. 11.

BDKJ steht für Bund Deutscher Katholischer Jugend und ist der Dachverband der katholischen Jugendverbände. Es war eine besondere Zeit, selten habe ich in so kurzer Zeit so viele Menschen kennen und schätzen gelernt. Schließlich ist der BDKJ nicht nur auf Bistumsebene, sondern auch auf Landes- und Bundesebene sehr gut vernetzt. Daher war dies auch mein erster Job mit vielen Bahnfahrten, Sitzungen und Presseterminen. Und wieder eine prägende und wertvolle Zeit mit tollen Begegnungen und großartigen Menschen, die ich nicht vergessen werde.

Umzug XII:

3 Jahre nach dem Umzug Nr. 11 lernte ich meinen ersten Mann kennen. Umzug Nr. 12 brachte mich raus aus Münsters Innenstadt, mitten ins Münsterländer Dorfleben.

Beruflich hatte ich mittlerweile auch wieder neue Wege beschritten. Nach einer Weiterbildung zum pädagogischen Umgang mit Tätern und Opfern sexualisierter Gewalt, wurde die Prävention sex. Gewalt mein Schwerpunktthema als Referentin bei der Katholischen Landesarbeitsgemeinschaft Kinder- und Jugendschutz NRW. Dieser Job wurde schnell zur Herzensangelegenheit. Schließlich ging es um nicht weniger als sichere Orte für Kinder und Jugendliche zu schaffen. Gemeinsam mit tollen Kolleginnen und Kollegen war es unsere Aufgabe Fachkräfte für das Thema zu sensibilisieren und den

Umgang mit dem Thema sexualisierte Gewalt sprachfähig zu machen. Neben der Durchführung unzähliger Präventionsschulungen, sammelte ich hier auch erste Erfahrungen als Autorin für Fachartikel. Ein Highlight war der Auftrag für das Lexikon der Schulsozialarbeit einen Artikel zum Thema Institutionelle Schutzkonzepte zu erarbeiten. Wieder eine besondere, prägende Zeit mit wunderbaren Kolleginnen und Kollegen und jede Menge Herzblut und Engagement.

Umzug XIII:

Vielleicht war es kein gutes Omen, dass ausgerechnet der 13. Umzug mich ins Eigenheim brachte. Ein großes Haus mit noch größerem Grundstück und 6 Jahre ein gemütliches Zuhause für unsere kleine Familie. Laer war nun unser Lebensmittelpunkt. Die Laerer haben es mir leicht gemacht, schnell waren neue Kontakte geknüpft, die zu Freundschaften gewachsen sind. Auch beruflich konnte ich in Laer Fuß fassen. Die Arbeit in der OGS der Grundschule war eine schöne Aufgabe, die mir immer viel Spaß gemacht hat. Auch und vor Allem weil ich erneut das Glück hatte mit und in einem großartigen Team zu arbeiten.

Umzug XIV:

Es folgte die Trennung, der Hausverkauf und der Umzug Nr. XIV. Ein kleiner Bungalow mit schöner Terrasse wurde zwischenzeitlich das neue Zuhause für den kleinen Sonnenschein und für mich. Die schönste Erinnerung an dieses Zuhause ist ein 12-Stunden-Treffen mit meinen Laerer Mädels auf der Terrasse. Glücklicherweise haben diese wunderbaren Freundschaften bis heute Bestand.

Umzug XV:

Der 15. Umzug brachte uns schließlich vom Münsterland zurück an den Niederrhein, zu Mann Nr. 2 auf einen schönen Bauernhof direkt am Rheindeich.

Und auch beruflich konnte ich hier vor Ort, bereits mit der Diagnose Parkinson, wieder durchstarten. Das Schloss Bellinghoven, eine Wohneinrichtung für junge Menschen mit psychischen Erkrankungen, ist mein aktueller Arbeitsplatz. Da einige meiner Einschränkungen ohnehin offensichtlich sind und ich gerne mit offenen Karten spiele, hatte ich die Erkrankung bereits im Vorstellungsgespräch offen gemacht. Und statt zu zögern, haben sich die Arbeitgeber auf das Wagnis eingelassen. Viel mehr noch, ich erfahre so viel Zuspruch und Unterstützung, mit der ich nicht gerechnet hatte. Ganz gleich ob ein sprachgesteuertes Computerprogramm, ein extra Parkplatz oder die kleinen und großen Aufmerksamkeiten meiner Kolleginnen und Kollegen im Arbeitsalltag, ich bekomme mehr Unterstützung als ich gehofft hatte. Statt mir ständig auf die Finger zu gucken, ob ich zwischen Zittern und Zeitlupe meinem Job gerecht werden kann, werden immer wieder Mittel und Wege gesucht um mir ein barrierefreies Arbeiten zu ermöglichen. Dafür bin ich unendlich dankbar.

Rückblickend gehören all diese Stationen, diese Orte, diese ganz unterschiedlichen, großartigen Menschen dazu. All das hatte seine Zeit und all das hat mich mitgeprägt. Und das Allerbeste? Es gibt nichts zu bereuen. Jede Wohnung war für eine Zeit mein Zuhause. Jedes Zuhause verbinde ich mit unterschiedlichen Lebensphasen und unterschiedlichen, großartigen Menschen. Ich habe durch all die Wege, Wegstationen und auch Umwege so viele, unzählige, tolle Menschen kennen und schätzen gelernt, dass ich leider nicht zu allen Kontakt halten kann. Vielleicht ist das mit ein Grund, eine Motivation, dieses Buch zu schreiben. Ich fühle mich von so vielen unterschiedlichen Puzzleteilen meines Lebens so vielseitig geprägt, dass ich manchmal den Überblick verliere.

Daher ist es auch unmöglich hier namentlich alle Wegbegleiter und Wegbegleiterinnen zu erwähnen. Stattdessen ist diese Lebenskarte entstanden mit all den Orten und Wegstationen die ich mit großartigen Menschen verbinde, die mich und mein Leben bisher geprägt haben.

DUBLIN
GELDERN
NIEUKERK
HAFFEN
KEMPEN
KÖLN

VECHTA
LAER
MÜNSTER

VI
Sonnenschein

So lange ich denken kann, gehörten Kinder zu meiner Lebensplanung immer dazu. Mein erster Job war mit 13 auf der Kinderstation unseres städtischen Krankenhauses. Es folgten unzählige „Babysittereinsätze“, ich engagierte mich jahrelang bei Ferienfreizeiten für Kinder, war 6 Monate als Au-pair in Irland, um danach Soziale Arbeit zu studieren, während ich mir nebenbei Geld mit Kinderbetreuung verdiente … Praktische Erfahrung im Umgang mit Kindern hatte ich nun also genug gesammelt. Und ja, ich komme als Kind der 80er aus einer Generation, die über die Entstehung von menschlichem Leben durchaus informiert war. Dennoch eine Schwangerschaft sollte nicht sein. Daher Plan B:

Adoption.

Nach einer Reihe verpflichtender Abendkurse und dem Auseinanderpflücken der Stammbäume, war das sogenannte Bewerbungsverfahren der Vermittlungsstelle nach ca. 6 Monaten abgeschlossen. Jetzt hieß es warten.

Warten und hoffen. „Mit mindestens 2 Jahren Wartezeit müssen Sie rechnen“, hieß es.

Um diese Zeit gut überbrücken zu können, machten wir viele Pläne, buchten besondere Urlaube, planten die ein oder andere Renovierung im Haus etc. Mein Herzensprojekt war ein Kinderzimmer. Während mich viele andere für verrückt erklärten, wurde dieses Zimmer für mich mein Hoffnungsort. Jedes Mal, wenn ich traurig war, ging ich ins Kinderzimmer und stellte mir vor, wie dieses Zimmer bald mit Leben gefüllt werden würde. Und wie heißt es so schön? Glauben versetzt Berge. Übrigens war das Kinderzimmer der einzige Plan, der in die Tat umgesetzt werden konnte. Alle anderen Pläne mussten storniert oder verschoben werden, denn bereits 2 Monate später…

Es war Freitagabend. Wir hatten Freunde für einen mexikanischen Abend eingeladen. Die Chili con Carne köchelte auf dem Herd, der Tisch war gedeckt. Da klingelte das Telefon. Während ich nur dachte „Ich hasse es, wenn Gäste so kurzfristig absagen," ging mein damaliger Mann ans Telefon. Ich hörte, wie er die Person mit einem Namen begrüßte, der mir seltsam bekannt vorkam. War das nicht … so heißt doch die Dame von der Vermittlungsstelle. Es ist Freitagabend. Am Telefon ist die Mitarbeiterin der Vermittlungsstelle des Adoptions- und Pflegekinderdienstes. Nur langsam dämmerte mir, dass dieser Anruf unser Leben verändern könnte. Dann der Satz: „Ja, meine Frau könnte auch kurzfristig in Elternzeit gehen." Oh mein Gott, was gestern noch in weiter Ferne schien, passierte tatsächlich. Es gab ein Kind, das unser Kind werden sollte.

In dem Moment klingelte es an der Tür, die Gäste für den mexikanischen Abend standen vor der Tür und ich war immer noch ahnungslos, was grade im Nebenzimmer am Telefon passierte. Nach einer gefühlten Ewigkeit bekam ich endlich den Hörer und folgende Informationen:

- Eine junge Mutter hat in wenigen Tagen einen geplanten Kaiserschnitt.
- Sie möchte dieses Kind zur Adoption freigeben.
- Wir haben Sie als Adoptiveltern vorgeschlagen und die Mutter hat zugestimmt.
- Das Geschlecht ist nicht bekannt.

Das ist, war und wird für immer der beste Anruf meines Lebens bleiben. Und das nur 2 Monate nachdem uns die Vermittlungsstelle eine Wartezeit von mindestens 2 Jahren in Aussicht gestellt hatte.

Wir informierten Oma und Opa, die ihren Urlaub auf Mallorca verbrachten und den Rest der Familie. Dieser mexikanische Abend bleibt auf ewig unvergessen. Denn auch wenn es in meinem Fall kein positiver Schwangerschaftstest war, erfuhr ich an diesem Abend das größte Geschenk, das man als Frau wohl im Leben bekommen kann: Die Gewissheit: „Ich werde Mama."

In den folgenden 4 Tagen durchlebte ich vermutlich alles, wofür andere Mütter monatelang Zeit haben. Euphorie, Nestbautrieb und Glücksgefühle, dicht gefolgt von Ängsten und Fragen wie „Werde ich eine gute Mutter sein?" „Kann ich diesem besonderen Job auf Lebenszeit gerecht werden?" …

Dann kam der Tag der Tage. Wir fuhren vorzeitig los, um in dem Ort, in dem unser Sonnenschein zur Welt kommen sollte, noch in Ruhe zu frühstücken.

Bereits im Auto bekamen wir von der Vermittlungsstelle den Anruf, dass ein kleiner Junge zur Welt gekommen war. Er sei gesund und die Geburt verlief ohne Komplikationen. Es passierte also wirklich, ein kleiner Junge hatte soeben das Licht der Welt erblickt. Ein kleiner Junge, dem wir ein Zuhause geben dürfen.

Wir informierten unsere Familien über den aktuellen Stand und fuhren weiter unserem Sonnenschein entgegen. Dann meldete sich der zukünftige Patenonkel von unserem Sonnenschein etwas aufgeregt zurück und erklärte, er habe soeben alle Infos zu unseren Neuigkeiten aus Versehen in die WhatsApp-Feuerwehrgruppe statt in die Familiengruppe gesetzt. In dem Dorf, in dem wir lebten, hieß das, dass nun ca. 50 % der Einwohner unserer Gemeinde informiert sein sollten. Wir hatten also „unser Kind“ noch nie gesehen, aber das Dorf war quasi schon informiert. Damit es die engsten Freunde nicht an der EDEKA-Kasse erfuhren, wurden weitere Menschen informiert.

Wir fuhren wie geplant in ein Café zum Frühstücken. Bis es dann endlich Zeit war, loszufahren, um unseren Sonnenschein endlich kennenzulernen.

Wir mussten noch einen Moment im Foyer des Krankenhauses warten, bis uns die Mitarbeiterin der Vermittlungsstelle zu unserem Schatz brachte. Dieses kleine Wesen war wirklich ein Sonnenschein. Ich fing sofort vor Freude an zu weinen und der kleine Mann weinte mit. Was für ein unbeschreiblich großartiger Moment. Für mich das größte Glück.

Bis heute ist für die Vermittlungsstelle und für viele andere in unserem Umfeld völlig unklar warum wir so schnell dieses unglaubliche Glück hatten, nach so kurzer Wartezeit ein Adoptivkind zu bekommen. Und dann auch noch ein Neugeborenes. Für mich gibt es dafür nur eine Erklärung: Glaube versetzt Berge. Ich habe nie daran gezweifelt, dass dieses Kinderzimmer mit Leben gefüllt wird. Und es wurde mit Leben gefüllt, mit einem Sonnenschein der so viel Licht ins Leben bringt.

VII
Bauer sucht Frau

Wir schreiben das Jahr 2020. Coronajahr I. Ich hatte grade meine erste Ehe in den Sand gesetzt. Als frisch alleinstehend in den ersten Monaten coronabedingtem Stubenarrest tauchten erste Momente der Langeweile auf. Gott sei Dank gibt es das Internet. Also Zeit, sich auf dem digitalen Singlemarkt mal umzusehen. Die Seite alleinerziehende-Singles.de schien mir, im Hinblick auf meinen Sonnenschein, angemessen. Mein derzeitiger Vorsatz: nur Quatschen bzw. Schreiben, keine Dates. Allerdings hatte ich auch jahrelange Erfahrung, Vorsätze gekonnt zu ignorieren, aber dazu später mehr. „Wildretter“ war damals auf mich (Smiling83) aufmerksam geworden. Ein Bauer, der bereits zu Beginn der Unterhaltung klarmachte, dass er von seinem Hof nie wegziehen würde. Trotzdem ließ ich mich davon nicht abschrecken. Für mich gab‘s zunächst nur eine wichtige Frage: Gibt es Kühe am Hof? Ich meine Bauernhofromantik gut und schön, aber 365 Tage im Jahr Kühe melken? Leider nein. Das wäre nicht mein Ding. Entwarnung. Keine Kühe. Nur 2 Hunde. Ansonsten Ackerbau. Puh, Glück gehabt.

Also schrieben wir weiter und wir telefonierten. Fast täglich. Meist ca 1-2 Stunden. Böses lässt sich eranen. Mein Vorsatz, keine Dates, kam ordentlich ins Wanken. Es kam also, wie es kommen musste: das erste Date. Gelockt wurde ich mit handgemahlenem Kaffee und selbst gekochtem Spargel. Klassisch mit Kartoffeln, Sauce Hollandaise und Schinken. Zugegeben, da war ich schon etwas beeindruckt. Allerdings geriet unsere Unterhaltung während des Essens etwas ins Stocken. Also kam es zu folgendem Dialog:

Ich: „Ich denke, ich werde dann gleich mal fahren."
Er: „Wieso?"
Ich: „Nun ja, wir reden nicht."
Er: „Ja, aber wir essen doch."

An diesem Abend lernte ich drei Dinge:

1. Es gibt tatsächlich noch Männer, die Kaffee mit der Kaffeemühle mahlen.
2. Man muss nicht immer reden, um sich zu verstehen.
3. Dieser Typ, dieser Bauer, hat was. Was Besonderes, Liebenswertes.

Erst Tage später erfuhr ich, dass ich es war, die sich wohl an diesem Abend danebenbenommen hatte.

Er: „Du warst ja schon ziemlich dreist."
Ich: „Wieso dreist?"
Er: „Du hast dich einfach auf meinen Barhocker gesetzt, dabei hatte ich dir gar keinen Sitzplatz angeboten."

Wie gesagt. Besonders. Zumal man sicher darüber streiten könnte, ob es nicht eher dreist war, mir keinen Sitzplatz anzubieten. Darüber haben wir aber nicht gestritten, sondern viel gelacht.

Ein weiteres Highlight war der Heiratsantrag. Ich war oben in der Wohnung. Er rief mich auf dem Handy an, dass ich nach unten kommen soll. Dort erwartete mich mein Lieblingsbauer schon auf dem Trecker. Dann fuhren wir zum Feld, in das zwei überdimensionale Ringe gemäht wurden. Es folgte die Frage aller Fragen. Ich antwortete mit JA und war überglücklich. In einer kitschigen Hollywoodverfilmung würde ein solcher Moment sicherlich gefolgt von Liebe, Leidenschaft und viel zu viel Romantik im Sonnenuntergang enden. Aber es wäre dann auch nicht mein Lieblingsbauer und wir wären nicht am schönen Niederrhein. Stattdessen ließ Jan diesen Moment auf seine Art ausklingen. Er fluchte: „So eine Scheiße, da ist doch wieder was ins Getriebe gekommen.

Was liegt hier für 'ne Scheiße auf dem Feld …" Er springt aus dem Trecker und tut, was ein Mann tun muss: Trecker reparieren. Und ich? Ich sitze lächelnd und überglücklich weiter auf dem Trecker und male mir die bevorstehende Traumhochzeit aus. Dumpf höre ich außerhalb der Treckerkabine jemanden fluchen. Einen Mann. Einen Mann, der bald mein Mann sein wird. Wie großartig ist das denn bitte?

VIII
Wie ich zum Parki wurde …

Es war das Jahr 2022, die wilden Coronajahre waren überstanden, ich war 38 Jahre alt, also in der Blüte meines Lebens. Im Osterurlaub fiel auf, dass meine rechte Hand merkwürdig langsam unterwegs war. Sicher, es sollte ein entspannter Urlaub sein, aber deswegen gleich als rechte Hand in den Zeitlupenmodus zu wechseln, schien mir dann doch übertrieben. Vermutlich schlecht geschlafen, Nerv eingeklemmt … es ist erstaunlich, was einem als Hobbymediziner für Erklärungen in den Sinn kommen. Erklärungen, die für den Moment ganz schön logisch daherkommen. Erklärungen, die einen selbst und auch Angehörige zunächst beruhigen. Also wandte ich solche und weitere Erklärungen auch an, als der humpelnde Fuß dazu kam. Weil es praktischer und logischer erscheint, war es nun, nach der rechten Hand, auch der rechte Fuß, der anfing, etwas zickig zu werden. Meine rechte Körperhälfte entwickelte sich also mehr und mehr zu einem pubertierenden Teenie. Statt einfach zu funktionieren, wurde plötzlich alles infrage gestellt.

Fuß beim Laufen anheben? Nö, warum? Schnell ein Dokument unterschreiben? Nö, warum? Stattdessen Zittern oder Zeitlupenmodus. Tja und wie lange kann man mit einem solchen Gezicke und den fantasievollen Erklärungen klarkommen? Bei mir hat es 2 Monate gedauert. Während ich taktisch vorgehen wollte und unsere anstehende Hochzeit abwarten wollte, schickte mein Mann, ein richtig schlauer Bauer, mich umgehend zum Arzt.

Da saß ich nun, mit dem Gezicke der rechten Körperhälfte und all meinen kreativen Erklärungen. Mir gegenüber, eine sehr sympathische Ärztin, die etwas besorgt guckte und als studierte Medizinerin meiner Fantasie umgehend ein Ende setzte. „Ich möchte sie gerne einweisen, das muss unbedingt abgeklärt werden. Soll ich einen Krankenwagen anrufen?“ Einweisen? Krankenwagen? Wegen ein bisschen Gezicke in Arm und Bein? Aber was soll ich sagen? Sie war die studierte Medizinerin von uns. Aber Krankenwagen? Nein, schließlich bin ich mit dem Gezicke schon wochenlang klargekommen. Für mich kein Notfall. Außerdem gab es noch 2 Dinge zu erledigen.

Meinen Sonnenschein zu versorgen und ein paar Klamotten aus meinem Schrankchaos zusammensuchen. Schließlich würde das jeden Mann überfordern. Gesagt, getan: Oma anrufen, Klamotten packen.

Im Krankenhaus hieß es erst mal stundenlang warten, dann CT und erste Vermutungen der studierten Götter in Weiß: Tumor, MS, Schlaganfall ... echt jetzt? Was ist mit meinen Vermutungen? Schlecht geschlafen? Nerv eingeklemmt? Das wären doch auch sehr naheliegende Erklärungen. Tja und plötzlich stand ich mit diesen Erklärungen ganz alleine da. In den folgenden Tagen folgten gefühlt 138 Untersuchungen. Kernspintomographie, Nervenwasseruntersuchung, EEG, Blutabnahme, Nervenuntersuchung ... Erste gute Nachricht: kein Tumor. Zweite gute Nachricht: MS ist es auch nicht. Verdacht auf Schlaganfall. Super, Schlaganfall ist gut, dachte ich. Ist passiert. Habe ich überlebt. Wird nicht schlimmer. Ab in die Reha und dann bin ich wieder fit. So der Plan. Ein guter Plan. Die Reha kam. Zwischenzeitlich ging es mir auch besser. Die Empfehlung: ambulante Weiterbehandlung. Also lernte ich meinen Neurologen kennen.

Der war leider auch kein Fan von meinen Erklärungen, allerdings auch kein Fan der Diagnose Schlaganfall. Er war es der das böse P-Wort in mein Leben brachte: Parkinson.

IX
Die Rache eines E-Autos

Zunächst muss ich gestehen, dass der Kauf meines E-Autos notwendig war, da ich aus den zuvor genannten gesundheitlichen Gründen nur noch Automatik fahren darf. Daher musste ich mich von meinem geliebten Ford B Max trennen. Man kann also annehmen, dass die Ehe mit dem Renault Zoe auf wackeligen Beinen stand. Zoe, wer nennt ein Auto auch schon Zoe … na jedenfalls hat Zoe in ihrer Grundausstattung leider keine Rückfahrkamera oder auch nur einen Piepton, nein, die Zoe ist da eher einfach gestrickt. Als ich Zoe nun zum ersten Mal zu meinem neuen Arbeitsplatz mitnahm, bzw. sie mich, kam es, wie es kommen musste. Beim Rückwärtsfahren sah ich vor lauter Bäumen, auf die ich natürlich Rücksicht genommen hatte, den Basketballkorb nicht. Da war es passiert, Zoe hatte ihre erste kleine Beule, sie war verletzt und vermutlich auch enttäuscht über diese ruppige, herzlose Fahrweise meinerseits. Dabei muss ich an dieser Stelle zu meiner Verteidigung sagen: Parkinson und Geschicklichkeit werden in einem Raum, geschweige denn innerhalb eines Kleinwagens, niemals gemeinsam existieren können. Aber wie auch immer. Die Monate zogen ins Land und ich hatte offen gestanden kaum noch einen Gedanken an diesen Zwischenfall verschwendet. Ganz anders offenbar Zoe. Neun Monate später wurde mir klar, Zoe war nicht nur verletzt, sondern vor allem nachtragend und ja ich möchte fast sagen aggressiv. Es war 2 Tage vor meiner Party zum 40sten Geburtstag. Ich hatte es eilig und hatte folgende Idee: Ins Auto springen und gleichzeitig die Türe zuziehen. Das spart sicher Unmengen an Zeit. Doch die Rechnung hatte ich ohne meine

Freunde Zoe und Parkinson gemacht. Parkinson dachte sich mit einem verschmitzten Grinsen „Ha, ha, ins Auto SPRINGEN“ und verfiel in schallendes Gelächter. Zoe kannte meine Art des „Springens“ und witterte ihre Gelegenheit. Ich stolperte also gewohnt langsam und ungeschickt ins Auto und zog schnell die Fahrertür zu. Und als hätte Zoe der Tür noch mal einen extra Tritt verpasst, knallte die Fahrertür mit voller Wucht gegen mein linkes Auge. Schließlich hatte es der Kopf noch gar nicht so schnell ins Auto geschafft. Es kam also mal wieder, wie es kommen musste, am nächsten Morgen (noch ein Tag bis zur großen Geburtstagsparty) erstrahlte mein Auge mit einem dunkel lilafarbenen Strich, umrandet von hellen Grün- und Blautönen.

Ich erwartete 90 Gäste und hatte pünktlich zum 40sten ein Veilchen wie Rocky nach seinen miesesten Kämpfen.

X
Johnny Walker

Meine Amtsärztin sprach mich erstmals darauf an, dass eine Orthese für mich hilfreich wäre. Seit der Parkinsonerkrankung leide ich rechts an einer sogenannten Fußheberschwäche. Das bedeutet, dass mein Fuß oft einfach runterhängt. Was wiederum dazu führt dass ich derzeit nicht selten auch einfach durchs Leben stolpere, statt zu gehen oder dass ich den rechten Fuß schleifend mitziehe. Ich nenne es auch gerne Arbeitsverweigerung, aber so ist es nun mal. Mein rechter Fuß mutiert immer mehr zur Diva. Eine Orthese soll diesen Fußhebevorgang unterstützen und das Gangbild verbessern.

Ich musste das übrigens erstmal googlen. Eine Prothese soll ersetzen, was nicht mehr vorhanden ist, eine Orthese hingegen soll lediglich unterstützen was noch vorhanden ist, aber nicht mehr voll funktionsfähig ist.

Im Laufe der Zeit kam das Thema Orthese immer mal wieder, auch im Rahmen der Ergo- und Physiotherapie, auf. Johnny Walker wurde mir dann in einem Sanitätshaus vorgestellt und um uns besser kennenzulernen, gingen wir ein Stück zusammen. Johnny Walker ist im wahren Leben eine elektrische Orthese, die durch elektrische Stimulation den Muskeln und Nerven die Signale sendet, die vom Kopf nicht mehr gesteuert werden können.

Um es mit meinen Worten zu sagen, Johnny Walker ist ein Wegbegleiter, der elektrisierende Wirkung auf mich hat und wieder Schwung in mein Leben bringt. Natürlich sind die Leistungen von Johnny kostenintensiv, aber die Krankenkasse hat bewilligt, dass wir uns zunächst 4 Wochen näher kennenlernen dürfen.

Dann erst wird entschieden, ob wir dauerhaft gemeinsam durchs Leben gehen. Sicherlich ist Johnny kein Traummann, kommt sogar eher trist und farblos daher. Dennoch will ich ihm eine Chance geben. Er trägt mich zwar nicht auf Händen, aber ich humpel einfach deutlich weniger, wenn er bei mir ist.

Aber dieses Buch würde nicht Pleiten und Pech im Titel tragen, wenn ich jetzt schreiben könnte: „So gehen Sie von nun an glücklich zu zweit durchs Leben." Leider nein. Johnny und ich haben uns getrennt. Ein bisschen Spannung und elektrisierende Wirkung kann durchaus schön und aufregend sein. Aber bei jedem Schritt einen Stromschlag verpasst zu bekommen, war auf Dauer dann doch nicht alltagstauglich.

Ich bin mir aber sicher, dass Johnny sein Glück finden wird und somit eine andere Patientin durchs Leben begleiten darf.

XI
Muttertag

Wer die romantische Seite meines liebevollen Bauerns kennt, weiß, dass solche Anlässe wie Valentinstag und Muttertag nicht gerade seine Lieblingstage sind. Glücklicherweise bin ich auch lernfähig und habe daher meine Erwartungen diesbezüglich ordentlich nach unten geschraubt. Dennoch lasse ich mich natürlich wahnsinnig gerne überraschen. So kam es, dass an besagtem Muttertag mein Mann mich mit folgenden Worten überraschte: „Schatz, sollen wir heute draußen frühstücken?“ Ich antwortete auf einer Wolke der Glückseligkeit: „Ja, super Idee.“ Also flog ich auf gleicher Wolke Richtung Badezimmer und ließ die runtergeschraubten Erwartungen noch ein bisschen schlafen. Stattdessen malte ich mir unter der Dusche den Muttertag in den schönsten Farben aus. Ob es an der Wolke der Glückseligkeit oder an den Nebenwirkungen der Medikamente lag, kann ich an dieser Stelle nicht sagen.

Aber meine Vorstellungen zu diesem anstehenden Frühstück befanden sich zwischen der alten Bärenmarkewerbung und der Perfektion der Schwarzwaldklinik. Da gab es frische Brötchen, einen bunten Blumenstrauß, duftenden Kaffee, frisch gepressten Orangensaft … ja schon während ich diese Zeilen schreibe, bin ich mir sicher, dass es doch die Medikamente gewesen sein müssen. Da stand ich nun fertig geduscht und die Erwartungen wieder gen Himmel geschraubt. Ich öffnete die Tür des Badezimmers und fiel schlagartig von der Wolke der Glückseligkeit. Vor mir stand mein Lieblingsbauer, in der Hand einen Teller mit 2 geschmierten Broten (für sich!) und sagte „Ich geh dann schon mal in den Garten.“ Meine

Glückseligkeit hatte sich wieder ins Badezimmer verkrochen und ich ging in die Küche, machte mir ebenso 2 Brote und folgte dem Bauern gen Garten. Es gab seitdem glücklicherweise mehrere Tage mit frischen Brötchen und duftendem Kaffee, aber eben nicht an diesem Tag. Dennoch, an alle Mütter da draußen, ihr macht einen großartigen Job!

XII
Drehtag in München

Der Alltag für mich war in diesen Tagen geprägt von Arztterminen, Terminen bei der Ergo- und Physiotherapie, Anträgen für Schwerbehinderung und Pflegestufe etc. ... alles Themen und Termine, die einen vermutlich nicht nur im Alter von 39 Jahren echt frustrieren können. Ich suchte Ablenkung im TV: Vorher-Nachher-Shows. Ich liebe es, wie viel Potenzial man durch ein bisschen optische Veränderung aus einem Menschen rausholen kann. Und da ich bekannt bin für verrückte Ideen, dachte ich mir: „Eine optische Veränderung wäre jetzt genau das Richtige." Sofort wurde das Handy gezückt und ich machte mich auf die Suche nach dem Bewerbungsformular. Allerdings erzählte ich keinem davon, man muss den Leuten ja schließlich nicht ständig Argumente liefern, um einen in die Schublade „komplett gestört" einzuordnen. Blöd nur, wenn man dann das „Go" vom Fernsehsender kommt und eine verrückte Idee nur wenige Monate später zur Realität wird. Der Plan: Drehtag in einem Friseursalon in München, inkl. 2 Hotelübernachtungen. Das Problem: Die Friseure, die uns 5 Kandidatinnen (übrigens ohne jedes Mitspracherecht) umstylen sollten, waren alle grade erst mit der Ausbildung fertig und hatten daher nur wenig Erfahrung.

Reaktion meines Vaters „Du fährst für einen Friseurtermin nach München? Kannst du nicht einfach ganz normal zum Friseur gehen, zu einem in der Nähe? Ohne Kameras?" Aber nein, ich brauchte mal wieder ein richtiges Abenteuer außerhalb von Arztpraxen und Selbsthilfegruppen.

Und das war es, schon das erste Treffen abends mit den anderen Kandidatinnen war ein echtes Highlight. Wir machten uns einen schönen Abend in München und teilten unsere Wünsche und Horrorvorstellungen. Am nächsten Morgen passierte dann das, was ich insgeheim gehofft hatte. Gestern warst du noch ein Niemand mit Parkinson und Schwerbehindertenausweis und dann dreht sich plötzlich alles um dich, als wärst du der Star der Show.

Wir wurden mit einem schicken Auto vom Sender abgeholt und fuhren an die Isar für erste Filmaufnahmen. Es folgte die Aufnahme der sogenannten O-Töne/Interviews, bevor wir uns noch einmal beim Mittagessen mit der „Crew" stärken durften. Danach gings in den Friseursalon, wo wir von unseren zugelosten Newcomer-Friseuren (klingt irgendwie besser als blutige Anfänger) unser Umstyling bekamen. Es wurde gefärbt, geschnitten und geföhnt. Natürlich vor abgehangenen Spiegeln, für den ganz besonderen Überraschungseffekt.

Dann war es endlich so weit, die Zeit war um und wir wurden mit Trommelwirbel vor dem Spiegel geparkt. Ich hatte nun also 10 cm kürzere Haare, einen Pony im Gesicht und neue, sehr helle Strähnen. Es sah ganz gut aus, aber nichts, was mich euphorisch hätte ausrasten lassen.

Fazit: Definitiv eine großartige Erfahrung mit wunderbaren Menschen. Wir wurden als Kandidatinnen schrecklich verwöhnt und fast jeder Wunsch wurde erfüllt. Was das „fast" angeht, rate ich den Fernsehsendern, bei solchen Produktionen das Alkoholverbot während des Drehs aufzuheben. Dann hätten wir gegebenenfalls während der Aufnahmen genau so viel gelacht wie bei der Aftershowparty.

XIII
Ping Pong Parkinson

Wer, wie ich, relativ jung an Parkinson erkrankt oder einen Schlaganfall erleidet, wird schnell feststellen, dass Selbsthilfegruppen oft eine andere Zielgruppe ansprechen. Bestes Beispiel: Die meisten Treffen von Selbsthilfegruppen finden nachmittags statt. Das ist für Berufstätige mit Kindern schon schwierig. Als ich mir dann trotzdem mal einen Nachmittag frei geschaufelt habe, erlebte ich einen schönen Nachmittag. Dennoch musste ich schnell feststellen, dass meine Themen andere waren, als die Themen der anderen, meist Ü70-jährigen, Teilnehmenden. Wie kann ich meinen Anforderungen als Mutter noch gerecht werden? Kann ich weiterarbeiten gehen? Und wenn ja, wie lange noch? Und wenn nein, was dann? Gleichgesinnte für diese Fragen zu finden, gestaltete sich schwierig.

Bis mir meine großartige Ergotherapeutin einen Kontakt vermittelt hat, der für mich unglaublich wertvoll ist: Gabi. Gabi ist mit 29 bereits an Parkinson erkrankt und lebt nun schon 20 Jahre damit. Ich schätze Sie sehr, weil Sie trotz Allem mit Begeisterung ihr Leben liebt und meistert. So hat sie mich tatsächlich auch für „PingPongParkinson" begeistern können. Das ist sozusagen Tischtennis für Menschen, die an Parkinson erkrankt sind. Zunächst dachte ich „Der Kontakt ist ja super, aber Sport? Ich?" Man muss dazu sagen, dass in sämtlichen Arztberichten neben Parkinson meist noch die Umschreibung adipös vermerkt ist. Ich gehöre also ganz offiziell zu der Kategorie: Übergewichtig. Daher ist auf meinem Sofa einfach kein Platz für Sport.

Aber gut, versuchen kann ich es ja mal. In jedem normalen

Leben würde man jetzt sowas lesen können wie „dann habe ich mir das mal ein paar Wochen angeguckt, nach einem halben Jahr eine eigene Platte angeschafft und bin nach 2 Jahren zur ersten Meisterschaft auf Kreisebene gefahren…".

Nicht so in meinem verrückten Leben. Gabi hatte mir von Anfang an von den deutschen Meisterschaften vorgeschwärmt. Nach meinem ersten Training begann die Anmeldephase für die Teilnehmenden. „Es können sich immer noch Frauen anmelden und es gibt auch eine Anfängerkategorie". Was soll ich sagen? Ich bin jetzt Mitglied bei PingPongParkinson, besitze eine eigene Tischtennisplatte und 6 Monate nach meinem ersten Training fahre ich zu den PingPongParkinson German Open. Es macht Spaß meine Hand mit jedem Schlag herauszufordern und mit anderen gemeinsam eine Zitterpartie zu erleben, die nur Parkis unter sich verstehen. Da guckt keiner auf dein humpelndes Bein oder die zitternde Hand. Stattdessen weiß jeder ganz genau welche Herausforderung Du mit jedem Schlag zu meistern hast. Heute sind es noch 88 Tage bis zu den German Open. 88 Tage Zeit um zu lernen wie man mit einer zittrigen Hand und Bewegungen im Zeitlupenmodus trotzdem Tischtennis spielen kann.

XIV
Happy End!?

Glücklicherweise besteht mein Leben nicht nur aus Pleiten, Pech und Parkinson. Ganz im Gegenteil. Schließlich hatte und habe ich in den 4 Jahrzehnten meines Lebens stets großartige Menschen an meiner Seite, die mich in Tiefpunkten gestützt haben und mir einen Arschtritt verpasst haben, wenn es nötig war. Menschen, die mit mir gelacht, geweint und gehofft haben. Menschen, die mein Selbstmitleid geduldig ertragen haben und mich daran erinnert haben, dass ich für Leiden keine Zeit habe. Wir haben nur dieses eine Leben und deswegen sind wir verpflichtet, da alles rauszuholen, was geht. Natürlich müssen es nicht gleich 15 Umzüge sein. Und nicht jeder muss dafür die Welt bereisen. Aber definitiv sollte der allerkleinste Teil des Lebens für Jammern und Kopf-in-den-Sand-stecken reserviert werden.

Vermutlich habe ich dieses Buch geschrieben, um mich selber auch immer wieder genau daran zu erinnern. An Hoffnung. An Zuversicht. An Humor. Ans Nach-vorne-Gucken. Ans Dankbarsein. Das Leben ist und bleibt eine Achterbahn. Bei allen Höhenflügen und Highlights, die das Leben mit sich bringt, werden Sie doch immer mal wieder durchkreuzt von Rückschlägen und Tiefen. Ganz gleich ob Krankheit, Trauer, Wut, Angst, Misserfolge, Armut, Einsamkeit … Die Liste ist endlos. Und nein, mir gelingt es leider auch nicht immer, eine glückliche Wendung hinzukriegen oder alles positiv oder mit Humor zu sehen. Aber ich versuche, mich immer wieder daran zu erinnern, dass ich nur das eine Leben habe. Ein Leben. Und egal, was passiert, es ist mein Leben. Also versuche ich, das Beste draus zu machen.

„Das Leben ist zu kurz für irgendwann.“

Ich bin auf jeden Fall startklar für die nächsten 40 Jahre. Also weiter geht’s, auf in die nächste Runde.

…Fortsetzung folgt…

Zur Autorin:

Petra Seegers-Wilmsen, geb. Steeger, ist in Kempen am Niederrhein aufgewachsen und hat Soziale Arbeit an der Katholischen Hochschule in Münster studiert. Als Fachkraft für Prävention sexualisierter Gewalt verfasste Sie als Autorin bereits Fachartikel zum Thema Prävention, u.a. den Fachbeitrag „Institutionelle Schutzkonzepte“ im Lexikon der Schulsozialarbeit. Mittlerweile lebt sie mit Ihrer Familie in Rees am Rhein und arbeitet für den Caritasverband Oberhausen e.V. im Schloss Bellinghoven.